DIE AUTHENTISCHE KÜCHE

VENEDIG

REZEPTE FÜR GENIEßER

SIME | BOOKS

INHALT

Das authentische Venedig 7
Antipasti und Cocktails 13
Pasta und Risotto 33
Fisch- und Fleischgerichte 49
Desserts 67
Glossar 86
Rezeptverzeichnis 90

Schwierigkeitsgrad der Rezepte:

▪ ◻ ◻ leicht

▪ ▪ ◻ mittel

▪ ▪ ▪ anspruchsvoll

7 DAS AUTHENTISCHE VENEDIG

Venedig war schon immer ein Zentrum regen Handels. Die kulinarischen Besonderheiten dieser Stadt spiegeln einerseits lokale Zubereitungsarten wider, andererseits ist der Einfluss anderer Kulturen unverkennbar. Für die langen Seereisen in den Orient mussten Nahrungsmittel haltbar gemacht werden und bei ihrer Rückkehr brachten die Seefahrer Gewürze in die Lagunenstadt, die die Gerichte dieser Region bis heute mit überraschenden Aromen bereichern. Doch die Gerichte zeugen nicht nur von der bewegten Vergangenheit Venedigs. Auf den Inseln der Lagune wurde stets eine eigene kulinarische Tradition gepflegt, dort findet man ganz besondere Speisen. Wenn man die authentische venezianische Küche des „gebürtigen Venedigs" entdecken will, sollte man sich auf die Inseln begeben. Die dortigen Restaurantchefs bemühen sich, alte Rezepturen ausfindig zu machen und verwenden regionale Produkte wie zum Beispiel Pflanzen der Barena, die einst fester Bestandteil des Speiseplans waren. Die Barene sind Salzmarschen, morastige Gebiete zwischen dem Meer und dem Festland, die regelmäßig von Hochwasser überschwemmt werden. Hier überleben nur salzliebende Pflanzen, die einen unverwechselbaren Geschmack aufweisen, der sich wiederum in den Speisen niederschlägt. Um diese authentischen Zutaten zu finden, muss man ein guter Kenner der Umgebung sein. Ein weiteres Merkmal der Lagune Venedigs ist der Nebel, den die Einheimischen „caigo" nennen. Er ist so dicht, dass man

8
Das authentische Venedig

die Hand vor Augen nicht sehen kann. Sobald er aufzieht, scheint sämtliches Leben der Lagune still zu stehen. Die Boote bleiben an ihren Anlegeplätzen und die Verbindungen zwischen Venedig und dem Festland sind unterbrochen. Das ist dann der richtige Moment, um mit den Fischern, die im Nebel nicht hinausfahren können, zu plaudern. Einer wird Ihnen vielleicht erzählen, dass er sein Haus in einer Farbe angestrichen hat, die türkisblau wie das Meer ist, und wie hübsch sein Haus neben dem korallenroten seines Nachbarn aussehe und wie das tiefe Blau das Nebelgrau vertreibe, das sich wie Blei über den Himmel und das Meer lege und zuweilen auch die Stimmung trübe. Dagegen helfe aber ein gutes Glas Wein, zu dem man einen kleinen Happen genießt. Wenn Sie diesen Ratschlag befolgen, treffen sie in der Osteria wahrscheinlich auf den einen oder anderen Händler, der eigentlich Obst nach Rialto transportieren wollte, aber aufgrund des Nebels zum Nichtstun verurteilt ist. „Wenigstens geht durch Nebel der Geschmack der Früchte nicht verloren", wird er sagen, „selbst wenn man nicht sieht, wo man hintritt."Bei klarer Sicht herrscht wieder reges Treiben und die Fischer erbeuten jene Schätze des Meeres, die für die Küche Venedigs charakteristisch sind: Sardinen, Marmorbrassen, Aale und eine große Vielzahl an Muscheln und Krustentieren. Leider gibt es nicht mehr sehr viele Fischer, die die Lagune wie ihre eigene Westentasche kennen und ihre Kenntnisse an die nächste Generation weitergeben. Fischer zu sein, bedeutet harte Knochenarbeit.

9
Das authentische Venedig

Die jungen Leute gehen lieber auf das Festland, wo das Leben einfacher ist. Diejenigen, die sich zum Bleiben entschließen, haben allerdings die Möglichkeit, ein altehrwürdiges Gewerbe zu erlernen und vor allem können sie dazu beitragen, eine besondere Region zu schützen. Zum Glück gibt es Frauen, auf die man sich immer verlassen kann – wie fleißige Bienen sind sie immer geschäftig und haben keine Zeit, um Trübsal zu blasen. Nach getaner Hausarbeit nehmen sie ihr Stickkissen und setzen sich mit ihren Freundinnen in die kleinen Gassen, um in der Sonne Spitzen zu fertigen, selbst wenn die Sehkraft ihrer Augen bereits etwas nachgelassen hat.
Im Sonnenlicht erstrahlen die Inseln Mazzorbo, Sant'Erasmo, Torcello, Murano und Vignole in den unterschiedlichsten Grünschattierungen. In dieser kargen Landschaft vermutet man vielleicht keine fruchtbaren Gemüsegärten und ertragreichen Rebstöcke. Doch der lehm- und salzhaltige Boden bringt besonders aromatisches Obst und Gemüse hervor. Die Vorzüge dieses Anbaugebiets pries der Kartograf Vincenzo Maria Coronelli bereits im 17. Jahrhundert: „Unter den Inseln, die die Lagune Venedig begrenzen, ist die Insel Sant'Erasmo am bemerkenswertesten. Dort befinden sich die schönen Wein- und Obstgärten, die dafür sorgen, dass die Stadt stets mit reichlich köstlichem Obst und Gemüse versorgt ist."
Die Lagune war von alters her die Vorratskammer für die Aromen der venezianischen Küche.

ANTIPASTI UND COCKTAILS

Venezianischer Aperol Spritz 14
Kleine Fleischbällchen 16
Crostini mit Stockfischcreme 18
Gebratene Jakobsmuscheln 22
Kammmuscheln in Weißwein 24
Rohe Garnelen mit rosa Pfeffer 26
Seespinnensalat 28
Gekochte Moschuskraken 30

Antipasti und Cocktails

Für 1 Glas:
- einige Eiswürfel
- 2 Teile Prosecco (ca. 6 cl)
- 1 Schuss Mineralwasser
- 1 Teil Aperol (ca. 3 cl)
- ½ Scheibe von 1 reifen, unbehandelten Orange

VENEZIANISCHER APEROL SPRITZ

Das Glas bis zur Hälfte mit Eiswürfeln füllen. Den Prosecco angießen und das Mineralwasser hinzufügen. Den Aperol hinzugeben.

Vorsichtig umrühren, die halbe Orangenscheibe in das Glas geben und den Aperitif servieren.

Tipp: Sie können auch mehr Prosecco und mehr Aperol verwenden, wichtig ist nur, dass Sie doppelt so viel Prosecco wie Aperol nehmen.

KLEINE FLEISCHBÄLLCHEN

16
Antipasti und Cocktails

Zutaten für 4 Personen:
- 400 g gemischtes Hackfleisch
- 3 Eier
- 40 g frisch geriebener Parmesan
- 20 g Mehl
- 2 EL frisch gehackte Petersilie
- Salz
- Pfeffer aus der Mühle
- 250 g Semmelbrösel
- 200 ml Olivenöl zum Frittieren

In einer Schüssel Hackfleisch, Eier, Parmesan, Mehl, Petersilie, Salz, Pfeffer und 50 g Semmelbrösel gründlich miteinander vermengen.

Die Hackfleischmasse sollte glatt und gut formbar sein; sollte sie klebrig sein, etwas mehr Semmelbrösel hinzufügen.

Die Schüssel mit einem Deckel oder Tuch bedecken und die Masse mindestens 1 Std. durchziehen lassen.

Die restlichen Semmelbrösel in einen tiefen Teller geben. Aus der Hackfleischmasse kleine, mundgerechte Bällchen formen. Das Olivenöl in einer Pfanne auf etwa 180 °C erhitzen. Die Bällchen in den Semmelbröseln wälzen und im Öl portionsweise 5–6 Min. frittieren. Dabei laufend wenden, damit sie rundherum goldbraun werden. Mit einem Schaumlöffel herausnehmen, auf Küchenpapier abtropfen lassen und sofort servieren. Nach Belieben vorher auf Holzspieße stecken.

Tipp: Die richtige Temperatur des Öls ermitteln Sie, indem Sie einen Würfel altbackenes Brot hineingeben. Ist der Brotwürfel nach 40 Sek. goldbraun, ist das Öl heiß genug zum Frittieren.

CROSTINI MIT STOCKFISCHCREME

Antipasti und Cocktails

Zutaten für 4 Personen:
- 250 g Stockfisch
- Salz
- 1 Lorbeerblatt
- Saft von 1 Zitrone
- kalt gepresstes Olivenöl
- Pfeffer aus der Mühle
- 1–2 EL frisch gehackte Petersilie
- 8 Scheiben Weißbrot

Den Stockfisch 2 Tage lang in kaltem Wasser einweichen. Dabei das Wasser viermal täglich wechseln.

Den Fisch in einem feuerfesten Gefäß mit kochend heißem Wasser übergießen und einige Min. ziehen lassen. Danach von Haut sowie Gräten befreien und das Fischfleisch mit einer Gabel in mundgerechte Stücke zerteilen. In einen Topf mit kaltem Wasser geben und etwas Salz, Lorbeerblatt und Zitronensaft hinzufügen. Erhitzen und etwa 20 Min. offen köcheln lassen, dabei hin und wieder umrühren.

Das Fischfleisch in einem Sieb abseihen. Den Sud dabei auffangen, er wird später eventuell zum Verdünnen der Creme benötigt.

Das Fischfleisch in eine Schüssel geben. Unter laufendem, kräftigem Rühren mit einem Kochlöffel nach und nach Olivenöl zufügen. So lange rühren, bis eine homogene, glatte Creme entsteht. Sollte sie zu fest sein, ein wenig Kochsud zugeben. Mit Salz und Pfeffer würzen. Zum Schluss die Petersilie untermengen. Im Mixer würde das Fischfleisch zerfallen und sich nicht ausreichend mit dem Öl verbinden.

Das Weißbrot toasten und die Creme darauf verstreichen. Sofort servieren.

GEBRATENE JAKOBSMUSCHELN

Zutaten für 4 Personen:
- 8 Jakobsmuscheln mit Schale
- kalt gepresstes Olivenöl
- Salz
- Pfeffer aus der Mühle
- 4 Zitronenspalten

Das Muschelfleisch mit einem Löffel von den Schalen lösen, dabei die fadenförmigen Bärte und den orangefarbenen Rogen entfernen. Das Muschelfleisch gründlich unter fließendem Wasser säubern. Auf Küchenpapier abtropfen lassen. Die Schalen säubern, abtrocknen und je 2 auf einen Teller legen.

Eine Grillpfanne oder beschichtete Pfanne erhitzen. Das Muschelfleisch 4–5 Min. darin anbraten. Dabei mehrmals vorsichtig wenden.

In jede Schale eine gegarte Muschel legen. Mit Olivenöl beträufeln, mit Salz und Pfeffer würzen.

Jeden Teller mit einer Zitronenspalte garnieren und alles sofort servieren.

Tipp: Sie können die Muscheln natürlich auch vom Fischhändler auslösen und die Schalen extra einpacken lassen. Das zarte Fleisch der Jakobsmuscheln ist sehr empfindlich, wenn es länger auf Eis liegt, verliert es an Geschmack. Deshalb am besten keine bereits ausgelösten Jakobsmuscheln kaufen, sondern nach ganzen Muscheln fragen und diese vom Fischhändler vor Ihren Augen öffnen und auslösen lassen.

KAMMMUSCHELN IN WEISSWEIN

Zutaten für 4 Personen:
- 16 Kammmuscheln in der Schale
- 1 Knoblauchzehe
- 1 Bund Petersilie
- kalt gepresstes Olivenöl
- 150 ml trockener Weißwein

Das Muschelfleisch und die -schalen sorgfältig unter kaltem Wasser säubern. Das Muschelfleisch dabei nicht aus den Schalen lösen.

Die Knoblauchzehe schälen. Die Petersilie waschen, trocken tupfen, die Blättchen von den Stielen zupfen und fein hacken.

In eine große Pfanne einen Schuss Olivenöl geben und erhitzen. Die Knoblauchzehe darin anrösten. Die Kammmuscheln hinzufügen und einige Min. garen.

Mit dem Weißwein ablöschen und den Alkohol einkochen lassen. Die Pfanne mit einem Deckel verschließen und die Muscheln weitere 5–6 Min. bei mittlerer Hitze köcheln lassen.

Vom Herd nehmen und mit Petersilie bestreuen.

Die Muscheln entweder in der Pfanne servieren oder auf 4 Teller verteilen und jeweils mit etwas Kochsud begießen.

ROHE GARNELEN MIT ROSA PFEFFER

Zutaten für 4 Personen:
- 16 frische Riesengarnelen
- kalt gepresstes Olivenöl
- 2 TL rosa Pfefferkörner

Die Garnelen unter fließendem Wasser gründlich säubern.

Jeweils die Schale von Körper und Schwanzteil entfernen. Die Köpfe belassen.

Pro Portion 4 Garnelen auf einen Teller geben. Mit Olivenöl beträufeln. Die Pfefferkörner in einem Mörser leicht andrücken, dann über die Garnelen streuen.

Sofort servieren.

SEESPINNENSALAT

Zutaten für 4 Personen:
- 1 EL grobes Meersalz
- 4 Seespinnen à 500–800 g
- 4 EL kalt gepresstes Olivenöl
- 1–2 EL Zitronensaft
- 2 EL frisch gehackte Petersilie
- Salz
- Pfeffer aus der Mühle

In einem großen Topf reichlich Wasser zum Kochen bringen, das Meersalz einstreuen und die Seespinnen darin 7–8 Min. garen. Anschließend mit einem Schaumlöffel aus dem Topf heben und abkühlen lassen.

Sobald die Seespinnen nur noch zimmerwarm sind, jeweils den Panzer vorsichtig von der Unterseite her öffnen (dabei den oberen Teil nicht beschädigen, da darin der Salat serviert wird) und das Fleisch herauslösen. Etwaige orangefarbene Eier in eine extra Schüssel geben. Die Scheren vom Rumpf lösen und mit einem Nussknacker oder einer Zange vorsichtig öffnen. Das Fleisch herauslösen.

Den oberen Teil der Schalen waschen und trocken tupfen. Das Meeresfrüchtefleisch mit den Händen in mundgerechte Stücke zerpflücken.In einer Schüssel mit Olivenöl, Zitronensaft, Petersilie, Salz und Pfeffer vermengen. Das Ganze gut durchmischen und dann auf die Schalenhälften verteilen. Jede Portion mit Rogen garnieren, soweit vorhanden.

Den Seespinnensalat im Kühlschrank 30 Min. durchziehen lassen und anschließend servieren.

GEKOCHTE MOSCHUSKRAKEN

Antipasti und Cocktails

Zutaten für 4 Personen:
- 12 frische Moschuskraken (kleine Tintenfische)
- 2 Stangen Sellerie
- 1 TL grobes Meersalz
- 1 Fischbrühwürfel
- kalt gepresstes Olivenöl
- 4 Zitronenspalten

Die Moschuskraken sorgfältig unter fließendem kaltem Wasser waschen und darauf achten, dass kein Sand in den Tentakeln verbleibt.

Den Stangensellerie waschen, putzen und in feine Stücke schneiden. Einen großen Topf mit 3 bis 4 l Wasser füllen. Meersalz, den Sellerie und den Fischbrühwürfel hinzufügen.

Das Wasser zum Kochen bringen. Die Kraken einzeln mit den Tentakeln nach unten vorsichtig in das kochende Wasser tauchen, bis sich die Tentakel aufrollen. Danach jeweils den ganzen Tintenfisch in das Wasser gleiten lassen.

Die Kraken halb zugedeckt etwa 25 Min. kochen lassen. Anschließend abseihen und auf 4 vorgewärmte Teller verteilen.

Jede Portion mit Olivenöl beträufeln und mit einer Zitronenspalte versehen. Sofort servieren.

Tipp: Frische Moschuskraken sollten Sie bei Ihrem Fischhändler vorbestellen. In griechischen und italienischen Feinkostläden gibt es sie manchmal eingelegt oder als Dosenware.

PASTA UND RISOTTO

Reis mit Erbsen 34
Schwarze Tagliatelle mit Heuschreckenkrebsen 36
Dicke Spaghetti mit Sardellen 39
Pasta mit Bohnen 40
Risotto mit Artischocken 42
Tagliolini mit Seespinne und Tomaten 44
Spaghetti mit Miesmuscheln und Tomatensauce 46

REIS MIT ERBSEN

Zutaten für 4 Personen:
- 1,5 l Gemüsebrühe (Fertigprodukt oder selbst gemacht)
- 1 Zwiebel
- 2 EL kalt gepresstes Olivenöl
- 320 g Risottoreis, z.B. Vialone Nano
- 1 kg frische, ausgepalte Erbsen
- Salz
- schwarzer Pfeffer aus der Mühle
- 1 EL Butter
- 4 EL frisch geriebener Parmesan

Die Gemüsebrühe bis kurz vor den Siedepunkt erhitzen und auf dieser Temperatur halten.

Die Zwiebel schälen und fein hacken. In einem Topf das Olivenöl erhitzen und die Zwiebel darin anschwitzen. Den Reis zufügen und unter Rühren ebenfalls anschwitzen, bis die Körner glasig und rundherum von Öl überzogen sind.

Die Erbsen untermengen. Einen Schöpflöffel Brühe zugeben und so lange rühren, bis der Reis die Flüssigkeit vollständig aufgesogen hat. Diesen Vorgang mehrmals wiederholen, bis der Reis nach 15 bis 20 Min. bissfest ist und die Erbsen weich. Nochmals etwas Brühe zugeben; Risibisi ist flüssiger als herkömmlicher Risotto.

Mit Salz und Pfeffer abschmecken, jedoch vorsichtig salzen, da der Parmesan reichlich Salz enthält. Butter und Parmesan zügig unterrühren. Der Reis sollte eine cremige Konsistenz haben und wie „eine Welle" sacht zum Tellerrand schwappen, wenn man den Teller seitlich anhebt. Das Risibisi nochmals kräftig verrühren und sofort servieren.

Variation: Sie können auch tiefgefrorene Erbsen verwenden, diese aber erst ca. 5 Min. vor Garende zufügen.

SCHWARZE TAGLIATELLE MIT HEUSCHRECKENKREBSEN

Zutaten für 4 Personen:
Für den Nudelteig
- 200 g Mehl Type 405
- 2 Eier
- 2 Beutel Tintenfischtinte (à 4 g)
- Salz
- Mehl zum Bestäuben

Für die Sauce
- 16 Heuschreckenkrebse (ersatzweise kleine Garnelen)
- ½ Bund Petersilie
- 1 Knoblauchzehe
- 14–16 vollreife Cocktailtomaten, z.B. Pachino aus Sizilien
- kalt gepresstes Olivenöl
- 2 Chilischoten
- 200 ml trockener Weißwein
- schwarzer Pfeffer aus der Mühle

Zubereitung der Nudeln
Das Mehl auf ein Arbeitsbrett häufen. In die Mitte eine Mulde drücken, die Eier hineinschlagen, Tintenfischtinte und eine Prise Salz hineingeben. Das Ganze mit beiden Händen vermengen und so lange verkneten, bis ein weicher, glatter Teig entsteht. Den Teig zur Kugel formen, auf die bemehlte Fläche legen, mit einem Geschirrtuch abdecken und 1 Std. ruhen lassen.
Anschließend den Teig mit Hilfe eines gründlich bemehlten Rollholzes dünn ausrollen, zu einer Rolle formen und mit einem scharfen Messer in 0,5 cm dicke Streifen schneiden. Die Streifen auseinander ziehen, damit lange Bandnudeln entstehen. Diese jeweils gebündelt zu einem Nest formen und leicht mit Mehl bestäuben.

Zubereitung der Sauce
Die Heuschreckenkrebse sorgfältig unter fließendem kaltem Wasser waschen. Die Köpfe entfernen. Jeweils in der Mitte des Rückens die Schale einschneiden und das Schwanzstück auslösen. Die Petersilie waschen, trocken schütteln und fein hacken. Den Knoblauch schälen. Die Tomaten waschen und halbieren. Reichlich Wasser für die Nudeln aufstellen.

In einer Pfanne einen Schuss Olivenöl erhitzen und den Knoblauch sowie die Chilischoten kurz darin anschwitzen.

\>\>

<<

Die ausgelösten Krebsschwänze hinzufügen und einige Min. unter Rühren anbraten. Mit Weißwein ablöschen. Sobald der Alkohol verdampft ist, die Tomaten untermischen. Salzen, pfeffern und noch einige Min. köcheln lassen.

Inzwischen das kochende Nudelwasser salzen und die Tagliatelle darin etwa 2 Min. garen. Dann abseihen und in die Pfanne mit der Sauce geben.
Das Ganze gründlich vermischen, damit die Nudeln die Sauce gut aufnehmen. Die Tagliatelle auf 4 vorgewärmte Teller verteilen. Jeweils mit Petersilie bestreuen und sofort heiß servieren.

Tipps: Tintenfischtinte können Sie über das Internet bestellen oder bei Ihrem Fischhändler kaufen. In der Regel werden Packungen mit 4 Portionsbeuteln à 4 g angeboten. Mit einer Nudelmaschine, lässt sich der Teig einfacher dünn ausrollen. Den Nudelteig unbedingt portionsweise verarbeiten: den Teig vierteln und einen Teil zu einem flachen Quadrat formen. Den restlichen Teig in Frischhaltefolie wickeln, damit er nicht trocken wird. Die Teilstücke durch die Nudelmaschine walzen. immer wieder mit etwas Mehl bestäuben. Die entstandenen Teilstücke wie vorher beschrieben weiter verarbeiten.

DICKE SPAGHETTI MIT SARDELLEN

Zutaten für 4 Personen:
- 2 große Zwiebeln
- 100 ml kalt gepresstes Olivenöl
- 8 eingelegte Sardellen (aus dem Glas)
- Salz
- 400 g dicke Spaghetti (Bigoli)
- schwarzer Pfeffer aus der Mühle

Die Zwiebeln schälen und fein hacken. Das Olivenöl in einer großen Pfanne mittelstark erhitzen. Die Zwiebel darin anschwitzen und anschließend bei geringer Hitze zugedeckt weich dünsten.

Die Sardellen kalt abspülen. Zu den Zwiebeln geben und so lange garen, bis sie zerfallen.

Reichlich Salzwasser zum Kochen bringen und die Spaghetti nach Packungsanweisung darin bissfest garen. Die Sardellensauce mit 2 bis 3 Esslöffeln Kochwasser verdünnen und leicht salzen.

Die Nudeln abseihen und in die Pfanne mit den Sardellen geben. Kräftig mit Pfeffer aus der Mühle würzen und das Ganze gut durchmischen.

Sofort servieren.

Hinweis: „Bigoli in Salsa" werden in Italien traditionell an Fastentagen wie dem Vorweihnachtstag, an Aschermittwoch oder am Karfreitag gegessen.

PASTA MIT BOHNEN

Zutaten für 4 Personen:
- 400 g getrocknete Lamon Bohnen (s. Hinweis)
- 1 Zwiebel
- 1 Knoblauchzehe
- 2–3 vollreife Tomaten
- 1 Chilischote
- Salz
- 200 g Ditalini (kurze, dicke Röhrennudeln)
- Pfeffer aus der Mühle
- kalt gepresstes Olivenöl

Die Bohnen über Nacht in kaltem Wasser einweichen. Am nächsten Tag abgiessen. Die Zwiebel schälen und fein hacken. Die Knoblauchzehe ebenfalls schälen. Die Tomaten waschen, vom Stielansatz befreien und würfeln.
Zwiebel, Knoblauch, Tomaten, Chilischote und Bohnen in einen großen Topf geben. Mit kaltem Wasser auffüllen, bis alle Zutaten bedeckt sind. Zum Kochen bringen. Die Hitze reduzieren und das Gemüse zugedeckt etwa 1 Std. köcheln lassen, bis die Bohnen weich sind. Gelegentlich umrühren. Die Knoblauchzehe entfernen. Die Hälfte des Bohnengemüses mit einem Pürierstab cremig pürieren. In einen großen Topf geben. Restliche Bohnen beiseitestellen.

Reichlich Wasser für die Nudeln aufstellen. Sobald es kocht, salzen und die Ditalini darin bissfest garen.
Kurz vor Ende der Garzeit der Nudeln die Bohnencreme erhitzen. Die Nudeln abseihen und untermengen. Die ganzen Bohnen zufügen und mit Salz und Pfeffer abschmecken. Einen Schuss Olivenöl untermischen und das Gericht heiß servieren. Geröstete Brotscheiben dazu reichen.

Hinweis: Lamon Bohnen stammen aus dem gleichnamigen Ort Lamon in Venetien. Die schwarz oder braun gesprenkelten Bohnen werden dort seit Jahrhunderten angebaut und sind besonders schmackhaft. Ersatzweise können Sie natürlich auch herkömmliche weiße Bohnen verwenden.

RISOTTO MIT ARTISCHOCKEN

Zutaten für 4 Personen:
- 1 l Hühnerbrühe
- 8 kleine, frische Artischocken, z.B. von Sant'Erasmo
- 4 EL kalt gepresstes Olivenöl
- 2 Schalotten
- 320 g Risottoreis, z.B. Vialone Nano
- 100 ml trockener Weißwein
- Salz
- Pfeffer aus der Mühle

Die Hühnerbrühe erhitzen. Die Artischocken waschen. Die äußeren Blätter entfernen und von allen anderen Blättern die Spitzen abschneiden. Die Stiele bis auf einen Rest von 3–4 cm kürzen. Die Artischocken quer in Scheiben schneiden. 1 EL Olivenöl in einer Pfanne erhitzen und die Artischockenscheiben darin etwa 10 Min. dünsten, bis sie weich sind. Danach beiseitestellen.

Die Schalotten schälen und fein hacken, restliches Olivenöl in einem großen Topf mittelstark erhitzen und die Schalotten anschwitzen. Den Reis hinzufügen und unter Rühren ebenfalls anschwitzen, bis die Körner glasig und rundherum von Öl überzogen sind. Mit Weißwein ablöschen und diesen einkochen lassen.

Einen Schöpflöffel heiße Brühe in den Topf geben und so lange rühren, bis der Reis die Flüssigkeit vollständig aufgesogen hat. Diesen Vorgang mehrmals wiederholen, bis der Reis in 18–20 Min. gar ist, aber noch etwas Biss hat. Dabei laufend rühren, Risotto erfordert ständige Aufsicht, sonst setzt der Reis am Boden an.
Zum Schluss die gedünsteten Artischocken vorsichtig unterrühren. Mit Salz und Pfeffer abschmecken und sofort servieren.

Tipp: Nach Belieben können Sie kurz vor dem Servieren noch 90 g frisch geriebenen Parmesan unter den Risotto rühren. Bei Zugabe von Parmesan vorsichtig salzen.

TAGLIOLINI MIT SEESPINNE UND TOMATEN

Zutaten für 4 Personen:
- 2 mittelgroße Seespinnen
- Salz
- 1 Knoblauchzehe
- 20–25 vollreife Cocktailtomaten
- 2 EL kalt gepresstes Olivenöl
- 100 ml trockener Weißwein
- schwarzer Pfeffer aus der Mühle
- 400 g dünne Spaghetti (Tagliolini)

Reichlich Wasser in einem großen Topf erhitzen. Die Seespinnen gründlich unter fließendem kaltem Wasser waschen. Sobald das Wasser kocht, dieses salzen und die Seespinnen darin etwa 20 Min. garen. Abgießen, abkühlen lassen und mit Hilfe eines Nussknackers oder einer Zange jeweils den Panzer und die Scheren öffnen. Das Fleisch auslösen.

Wasser für die Nudeln aufsetzen. Die Knoblauchzehe schälen. Die Tomaten waschen und grob hacken.

Olivenöl in einem Topf erhitzen und die Knoblauchzehe darin glasig schwitzen. Das ausgelöste Fleisch der Seespinnen zufügen und 2 bis 3 Min. garen. Die Temperatur erhöhen, mit Weißwein ablöschen und den Alkohol einkochen lassen. Die Tomaten unterrühren und einige Min. köcheln lassen. Die Sauce mit Salz sowie Pfeffer würzen. Beiseitestellen.

Das kochende Nudelwasser salzen und die Tagliolini darin nachPackungsanweisung bissfest garen. Einen Schöpflöffel Kochwasser unter die Sauce rühren und diese nochmals erhitzen.

Die Spaghetti abseihen und rasch, aber gründlich unter die Sauce mengen. Das Ganze mit schwarzem Pfeffer übermahlen und sofort servieren.

SPAGHETTI MIT MIESMUSCHELN UND TOMATENSAUCE

Zutaten für 4 Personen:
- 1 kg Miesmuscheln
- 1 Knoblauchzehe
- 4 EL kalt gepresstes Olivenöl
- 200 ml trockener Weißwein
- 400 g Tomaten in Stücken (aus der Dose)
- 400 g Spaghetti
- Salz
- schwarzer Pfeffer aus der Mühle

Die Miesmuscheln sorgfältig unter fliessendem kaltem Wasser abbürsten. Muscheln, die nicht fest verschlossen sind, aussortieren und wegwerfen.

Die Knoblauchzehe schälen. 2 Esslöffel Olivenöl in einem großen Topf erhitzen. Den Knoblauch darin anschwitzen. Die Muscheln hinzufügen und unter mehrmaligem Rühren in einigen Min. heiß werden lassen. Mit Weißwein ablöschen. Den Topf verschließen und die Muscheln bei mittlerer Hitze so lange garen, bis sie sich geöffnet haben. Abseihen und dabei den Kochsud auffangen. Muscheln, die sich beim Garen nicht geöffnet haben, wegwerfen. Das Muschelfleisch aus den Schalen lösen. 12 unversehrte Schalen für die Garnitur aufbewahren.
Restliches Olivenöl in einer Pfanne erhitzen und die Tomatenstücke hinzufügen. Etwa 10 Min. köcheln lassen. Das ausgelöste Muschelfleisch und einen halben Schöpflöffel Kochsud dazugeben. Mit Salz sowie Pfeffer würzen und die Sauce bei starker Hitze weitere 5–6 Min. kochen lassen.

Reichlich Wasser für die Spaghetti aufsetzen, salzen und im kochenden Wasser die Spaghetti bissfest garen. Abseihen und in die Pfanne mit der Muschelsauce geben. Das Ganze gut vermischen und nochmals ca. 2 Min. köcheln lassen. Auf 4 vorgewärmte, tiefe Teller verteilen, und mit je 3 Muschelschalen garnieren. Sofort servieren.

FISCH- UND FLEISCHGERICHTE

Süß-saure Sardinen 50
Leber auf venezianische Art 52
Geschmorter Wirsing 53
Tintenfisch mit Polenta 54
Gekochte Purpurschnecken 56
Goldbrasse in der Salzkruste 60
Makrelen mit Queller und Tomatenconfit 62
Ofenkrabben 64

SÜSS-SAURE SARDINEN

Zutaten für 4 Personen:
- 40 g Sultaninen
- 20 frische, küchenfertige Sardinen
- 2 mittelgroße weiße Zwiebeln (ca. 400 g)
- 100 ml kalt gepresstes Olivenöl
- 100 ml weißer Balsamico
- 100 ml Weißwein
- 4 Lorbeerblätter
- 2 TL Salz

Die Sardinen filetieren und sorgfältig entgräten. Die Zwiebeln schälen und in feine Ringe schneiden.
In einem Topf das Olivenöl erhitzen und die Zwiebeln darin anschwitzen. Bei niedriger Hitze einige Min. dünsten.

Balsamicoessig und Weißwein angießen. Die Lorbeerblätter hinzufügen. Die Hitzezufuhr erhöhen, das Ganze salzen und 5 bis 10 Min. köcheln lassen, bis die Flüssigkeit gut eingekocht ist. Den Topf vom Herd nehmen. Die Lorbeerblätter entfernen. Die Sultaninen untermengen.

Die Sardinenfilets auf ein Backblech legen und ca. 2 Min. bei 190 °C im Ofen garen. Anschließend herausnehmen und in eine tiefe Form legen. Vollständig mit dem Zwiebelgemisch bedecken.

Die Form abdecken und die Sardinen über Nacht im Kühlschrank durchziehen lassen. Am nächsten Tag das Zwiebelgemisch auf 4 Teller verteilen. Die Sardinen einzeln aufrollen und jeweils 5 Stück auf den Zwiebeln platzieren.

LEBER AUF VENEZIANISCHE ART

Zutaten für 4 Personen:
- 2 weiße Zwiebeln
- 1 EL Butter
- 1 Schuss kalt gepresstes Olivenöl
- 500 g Kalbsleber
- 1 Schuss Weißweinessig
- Salz
- schwarzer Pfeffer aus der Mühle

Die Zwiebeln schälen und in feine Ringe schneiden. Butter und Olivenöl in einer Pfanne mittelstark erhitzen und die Zwiebeln darin ca. 15 Min. lang dünsten. Dabei hin und wieder umrühren, damit sie nicht am Pfannenboden ansetzen.

Während die Zwiebeln braten, die Leber sorgfältig von allen Häuten befreien und in feine Streifen schneiden. Die Zwiebeln mit dem Essig ablöschen und die Hitzezufuhr erhöhen. Die Leberstreifen zufügen und bei starker Hitze nicht länger als 5 Min. garen.

Die Leberstreifen mit Salz sowie Pfeffer würzen und sofort servieren. Dazu passt Polenta oder frisches Weißbrot.

Tipp: Servieren Sie venezianische Leber stets ganz heiß und frisch aus der Pfanne. Sie eignet sich nicht zum erneuten Aufwärmen, da das Fleisch dadurch hart wird. Zum Anbraten können Sie auch nur Olivenöl verwenden, dann wird das Gericht etwas leichter.

GESCHMORTER WIRSING

Fisch- und Fleischgerichte

Zutaten für 6 Personen:
- 1 mittelgroßer Kopf Wirsing
- 1 kleine Zwiebel
- 3 EL kalt gepresstes Olivenöl
- Salz
- schwarzer Pfeffer aus der Mühle
- 200 ml Gemüsebrühe oder -fond
- 1 Zweig Rosmarin
- 1 Schuss Weißweinessig

Den Wirsing putzen, vom Strunk befreien und waschen. Die Blätter in feine Streifen schneiden.

Die Zwiebel schälen und fein hacken. Das Olivenöl in einer großen Kasserolle erhitzen und die Zwiebel darin anschwitzen.

Die Wirsingstreifen hinzufügen. Salzen, pfeffern und zugedeckt bei geringer Hitze etwa 45 Min. schmoren lassen. Dabei gelegentlich umrühren.

Nach der Hälfte der Garzeit Gemüsebrühe oder -fond angießen und den Rosmarinzweig dazugeben.

Zum Schluss mit Weißweinessig und nochmals mit Salz sowie Pfeffer abschmecken.

Tipp: Geschmorter Wirsing passt zu Fleisch- und Fischgerichten. In unseren Breiten wird er als Beilage gerne mit Sahne und Butter verfeinert. Wirsing ist das ganze Jahr über erhältlich, außerdem sind seine Blätter zarter als die der meisten anderen Kohlsorten.

TINTENFISCH MIT POLENTA

Zutaten für 4 Personen:
Für die Polenta
- 1 EL grobes Meersalz
- 250 g weiße Polenta

Für die Tintenfische
- 4 mittelgroße Tintenfische (Calamari)
- kalt gepresstes Olivenöl
- 200 ml trockener Weißwein
- Salz
- schwarzer Pfeffer aus der Mühle

Für die Polenta in einem Topf mit schwerem Boden 1 l Wasser zum kochen bringen, salzen und die Polenta nach und nach zufügen. Dabei ständig mit einem Schneebesen rühren, die Temperatur reduzieren und die Polenta unter ständigem rühren etwa 40 min. garen. Ist der Polentabrei sämig und fest, wird er auf ein Holz- oder Marmorbrett gestürzt und auf ca.10 cm dicke verstreichen, warm halten.

Calamari waschen, die Haut abziehen. Die Tentakel und das Chitinstück aus dem Körperbeutel ziehen. Die Tintenbeutel vorsichtig ablösen und die Tinte in einem Gefäß auffangen. Den Körperbeutel von innen unter kaltem Wasser säubern.
In einer Pfanne einen Schuss Olivenöl erhitzen. Die Tintenfische darin ca. 5 Min. anbraten. Mit Weißwein ablöschen und den Alkohol einkochen lassen. Die Hitze reduzieren und die Tintenfische etwa 15 Min. köcheln lassen. Mit Salz und Pfeffer würzen. Etwa 3 Min. vor Ende der Garzeit die Tinte sowie 100 ml Wasser hinzufügen. Das Ganze noch einmal aufkochen lassen.

Die Polenta in 2 cm dicke Scheiben schneiden und auf 4 Teller verteilen. Jeweils 1 Portion Tintenfisch dazugeben und sofort servieren.

Fisch- und
Fleischgerichte

Zutaten für 4 Personen:
- 2 kg Purpurschnecken
  (Strandschnecken)
- kalt gepresstes Olivenöl
- 2–3 EL grobes Salz
- Pfeffer aus der Mühle

GEKOCHTE PURPURSCHNECKEN

Eine große Schüssel mit kaltem Wasser füllen.
Die Purpurschnecken darin gründlich waschen.

Abgießen und in einen großen Topf geben. Mit kaltem Wasser auffüllen, bis die Schnecken vollständig davon bedeckt sind. Das Ganze erhitzen und zum Kochen bringen. Das Salz hinzufügen und die Schnecken 1 Std. 30 Min. garen.

Anschließend abseihen. Jeweils das Fleisch aus dem Gehäuse ziehen. Noch warm mit Olivenöl beträufeln und mit Pfeffer übermahlen. Sofort servieren.

Tipp: Purpurschnecken sollten Sie beim Fischhändler vorbestellen, sie sind nicht immer im Angebot.

Fisch- und Fleischgerichte

Zutaten für 4 Personen:
- 1 frische, ganze Goldbrasse (1,5 kg)
- 5 Eiweiß
- 1,5 kg grobes Meersalz
- 500 g feines Salz

GOLDBRASSE IN DER SALZKRUSTE

Die Goldbrasse innen und außen sorgfältig unter fließendem kaltem Wasser waschen. Die Kiemen entfernen, die Schuppen aber belassen, da diese den Fisch während des Garens vor dem Austrocknen schützen. Das Eiweiß in eine große Schüssel geben. Meersalz sowie feines Salz zufügen und das Ganze gründlich vermengen.

Ein Backblech, auf dem der gesamte Fisch gut Platz hat, mit Backpapier belegen. Die Hälfte der Eiweiß-Salz-Mischung in Rechteckform, die etwas größer als die Goldbrasse ist, verstreichen. Den Fisch darauflegen, die restliche Eiweiß-Salz-Mischung auf ihm verteilen und leicht andrücken. Die obere Schicht sollte mindestens 1 cm dick sein.

Die Goldbrasse 30 bis 40 Min. im Ofen bei 180°C garen, bis die Salzkruste eine goldgelbe Farbe annimmt. Aus dem Ofen nehmen, die Salzkruste aufbrechen und die Goldbrasse sofort servieren.

Tipp: Legen Sie frische Kräuter (Petersilie, Kerbel, Schnittlauch, Thymian) in die Bauchhöhle der Goldbrasse, dann schmeckt sie noch aromatischer.

MAKRELEN MIT QUELLER UND TOMATENCONFIT

Zutaten für 4 Personen:
- 4 vollreife Tomaten
- 4 Knoblauchzehen
- 8 EL kalt gepresstes Olivenöl
- Salz
- 2 EL Puderzucker
- 200 g Queller (Salzwiesenpflanze)
- 1 Lorbeerblatt
- 4 frische Makrelenfilets
- schwarzer Pfeffer aus der Mühle

Für das Tomatenconfit
In einem mittelgroßen topf Wasser zum kochen bringen. Die Tomaten einlegen und 1 min. blanchieren. Mit einem Schaumlöffel herausnehmen, enthäuten, vom Stielansatz befreien, halbieren und die Kerne entfernen. Die Tomaten auf einem Backblech verteilen. Den Knoblauch schälen und fein hacken. Die Tomaten damit bestreuen. Mit 4 Esslöffeln Olivenöl beträufeln, salzen und mit Puderzucker bestäuben. Das Blech in den auf 90° vorgeheizten Ofen geben und 2 std. garen.

Für den Queller
Den Queller gute 3 min. in kochendem Wasser blanchieren. Abtropfen lassen und in 1 Esslöffel olivenöl ca. 2 min. rösten. Auf Küchenpapier abtropfen lassen.

Für die Makrelenfilets
Restliches Olivenöl in einer Pfanne erhitzen. Das Lorbeerblatt sowie die Makrelenfilets zufügen. Die Filets auf jeder Seite etwa 4 min. anbraten. Mit Salz und Pfeffer würzen.

Jeweils 1 Makrelenfilet, 2 Tomatenhälften und einige zweige Queller auf 4 vorgewärmten Tellern arrangieren. Sofort servieren.

OFENKRABBEN

Zutaten für 4 Personen:
- 4 mittelgroße Krabben
- Salz
- schwarzer Pfeffer aus der Mühle
- 100 g Semmelbrösel
- 1 Zweig Rosmarin

Den Backofen auf 180 °C vorheizen.

Die Krabben sorgfältig unter fließendem kaltem Wasser waschen. Mit einer Zange in kleinere Stücke zerteilen. Den dunklen Darm jeweils mit einer Pinzette entfernen.

Die Krabbenteile in eine feuerfeste Form geben. Mit Salz, Pfeffer und Semmelbröseln bestreuen. Den Rosmarin hinzufügen. Die Krabben etwa 20 Min. im Backofen garen.

Herausnehmen und heiß servieren.

Variation: Alternativ können Sie die Krabben auch 10 Min. in kochendem Wasser garen. Abgießen und kurz abkühlen lassen. Dann das Krabbenfleisch aus den Schalen lösen (dabei die Därme entfernen) und auf 4 feuerfeste Förmchen verteilen.

Eine Sauce aus fein gehackter Petersilie, fein geschnittenem Knoblauch, Pfeffer, Salz und Olivenöl zubereiten. 2 Esslöffel Semmelbrösel untermengen. Die Sauce auf dem Krabbenfleisch verteilen.

Das Krabbenfleisch bei 200 °C 3 bis 4 Min. im Ofen garen, bis die Oberfläche goldbraun ist. Sofort servieren.

DESSERTS

Galani (Frittiertes Gebäck) 68
Bussolà buraneo 70
Tiramisu 72
Zaleti 76
Zitronensorbet mit Prosecco und Wodka 78
Kürbiscreme mit Jujuben 80
Venezianisches Schmalzgebäck 82

GALANI
(FRITTIERTES GEBÄCK)

Zutaten:
- 60 g Butter
- 300 g Mehl Type 405
- 2 Eier
- 60 g feiner Zucker
- 100 ml Milch
- 4 cl Grappa
- 1 Prise Salz
- 1,5 l neutrales Öl zum Frittieren
- Mehl für die Arbeitsfläche
- Puderzucker zum Bestäuben

Die Butter in einem kleinen Topf zerlassen.

Das Mehl in eine große Schüssel sieben. Eine Mulde in die Mitte drücken. Eier, Butter, Zucker, Milch, Grappa und Salz hineingeben.

Die Zutaten mit beiden Händen zu einem glatten, kompakten Teig verarbeiten. Den Teig zur Kugel formen, in Klarsichtfolie hüllen und 15 Min. ruhen lassen.

Anschließend vierteln und jeden Teil auf einer bemehlten Arbeitsfläche so dünn wie möglich ausrollen. Die Teigplatten mit einem Teigrädchen in Rauten oder Rechtecke schneiden. Jede Raute oder jedes Rechteck einmal in der Mitte einschneiden.

Das Öl in einem großen, flachen Topf auf 190 °C erhitzen. Ein Teigstück zur Probe einlegen, es sollte innerhalb von 45 Sek. goldgelb sein, dann wenden und auf der anderen Seite ebenfalls 45 Sek. frittieren. Die Teigstücke portionsweise goldgelb ausbacken. Mit einem Schaumlöffel herausheben und auf Küchenpapier abtropfen lassen.

Die Galani dick mit Puderzucker bestäuben und auf einer hübschen Platte anrichten.

BUSSOLÀ BURANEO

Zutaten für ca. 60 Stück
- 500 g Mehl Type 405
- 300 g Zucker
- 1 Prise Salz
- ausgekratztes Mark von 1 Vanilleschote
- 2 TL Rum- oder Zitronenaroma
- 6 Eigelb
- 150 g weiche Butter
- Mehl für die Arbeitsfläche

Das Mehl in eine große Schüssel geben. Eine Mulde in die Mitte drücken. Zucker, Salz, Vanillemark, Rum- oder Zitronenaroma sowie das Eigelb hineingeben.
Die Zutaten mit beiden Händen verkneten, dann die Butter einarbeiten. So lange kneten, bis ein glatter, formbarer Teig entsteht.

Zwei Bleche mit Backpapier belegen. Den Teig auf einer bemehlten Arbeitsfläche zu runden kleinen Kringeln oder S-förmigen Keksen formen. Mit ausreichendem Abstand auf die Bleche legen.

Ein mit Wasser gefülltes, feuerfestes Gefäß auf den Boden des Ofens stellen. Der Wasserdampf sorgt dafür, dass die Kekse eine schöne goldene Färbung erhalten.

Die Kekse im Ofenbei 170°C in 15 bis 20 Min. goldbraun backen. Anschließend auf dem Blech abkühlen lassen.
Auf einer hübschen Servierplatte arrangieren und zu einem aromatischen Espresso oder einem süßen Dessertwein wie Vin Santo servieren.

Wissenswertes: Bussolà buraneo sind eine Spezialität der Insel Burano in der Lagune von Venedig. Bussolà bedeutet „Kompass" und bezieht sich auf die runde Form der Kekse, die auch S-förmig sein können.

TIRAMISU

Zutaten für 4–6 Personen:
- 250 ml frisch zubereiteter Espresso (ca. 6 Espresso-Tassen)
- 270 g Zucker
- 1 TL Marsala (sizilianischer Süßwein)
- 5 Eier
- 1 Prise Salz
- 500 g Mascarpone
- 200 g Löffelbiskuits
- Kakaopulver zum Bestäuben

Den Espresso zubereiten und in einen tiefen Teller gießen. 2 Esslöffel Zucker und den Marsala unterrühren.

Die Eier trennen. Die Eiweiße in eine saubere, hohe Rührschüssel geben. Das Salz zufügen und die Eiweiße mit einem Handrührgerät sehr steif schlagen. Den Eischnee beiseitestellen.

Restlichen Zucker und Eigelbe mit einem Handrührgerät in einer Schüssel ca. 3 Min. lang schaumig rühren. Den Mascarpone gründlich untermengen. Zum Schluss den Eischnee unterziehen.

Die Hälfte der Löffelbiskuits einzeln kurz in den Espresso tauchen und eine flache, rechteckige Auflaufform (etwa 30 x 18 cm) damit auslegen. Die Hälfte der Mascarponecreme auf den Löffelbiskuits verstreichen.

Restliche Löffelbiskuits in Espresso tauchen und gleichmäßig auf der Mascarponecreme verteilen. Als letzte Schicht die restliche Mascarponecreme in die Form geben.

Das Tiramisu in den Kühlschrank stellen und einige Std. oder über Nacht durchziehen lassen.

Vor dem Servieren dick mit Kakaopulver bestäuben.

ZALETI

Zutaten für ca. 60 Stück:
- 350 g gelbes Maismehl
- 200 g Weizenmehl Type 405
- 1 Päckchen Trockenhefe (4 g)
- 100 g weiche Butter
- 1 Prise Salz
- 1 Päckchen Vanillezucker
- 150 g Zucker
- 2 große Eier
- 200 g Sultaninen
- Mehl für die Arbeitsfläche

Maismehl, Weizenmehl und Trockenhefe vermengen und durchsieben. Die Butter in kleine Stücke schneiden und in eine Schüssel geben, Salz, Vanillezucker sowie Zucker zufügen und verquirlen, bis die Masse schaumig und weiss ist. Die Eier unter ständigem Rühren einzeln unterarbeiten. Die Mehl-Hefe-Mischung unterrühren, bis ein glatter Teig entsteht. Zum Schluss die Sultaninen untermischen.

Aus dem Teig auf bemehlter Arbeitsfläche Rollen von 3 bis 4 cm Durchmesser formen. Diese in Scheiben schneiden und zu walnussgroßen Kugeln rollen. Die Kugeln mit ausreichendem Abstand auf ein mit Packpapier belegtes Blech legen und leicht flach drücken.

Die Kekse im Backofen bei 145°C in 20 bis 25 Min. goldbraun backen. Anschließend herausnehmen und abkühlen lassen.

Wissenswertes: Zalo bedeutet im venezianischen Dialekt „gelb". Die Bezeichnung „Zaleti" für diese Kekse rührt von ihrer goldgelben Farbe, die durch die Verwendung von Maismehl erzielt wird.

Tipp: Weichen Sie die Sultaninen vor der Verwendung 5 Min. in lauwarmem Wasser ein, dann werden sie beim Backen nicht so hart.

ZITRONENSORBET MIT PROSECCO UND WODKA

Zutaten für 4 Personen:
- 3 EL Sahne
- 15 cl Prosecco
- 5 cl Wodka
- 4 EL Zitroneneis
  (Fertigprodukt)

Sahne, Prosecco und Wodka getrennt 30 Min. vor der Zubereitung in das Gefrierfach stellen. Die Gläser, in denen das Sorbet später serviert wird, ebenfalls kühl stellen.

Zitroneneis, Sahne und Prosecco in einem hohen Rührgefäß mit einem Handrührgerät kräftig verquirlen. Den Wodka hinzufügen und das Ganze erneut kräftig durchrühren.

Das Sorbet in 4 gekühlte Gläser füllen und sofort servieren. Bussolà buraneo (Kekse, Rezept siehe Seite 70) dazu reichen.

Variation: Mit selbst gemachtem Zitroneneis schmeckt das Sorbet natürlich noch besser. Hierfür 60 g Zucker und 2 Esslöffel Milch erhitzen und 1 Min. kochen lassen. 250 ml frisch gepressten Zitronensaft unterrühren, das Ganze vom Herd nehmen und abkühlen lassen. 150 g steif geschlagene Sahne unterziehen, die Masse in eine Schüssel aus Edelstahl füllen und mindestens 3 Std. einfrieren. Ergibt 4 Portionen.

KÜRBISCREME MIT JUJUBEN

Zutaten:
- 400 g Kürbisfruchtfleisch
- 400 ml Milch
- 160 g Zucker
- 1 Vanilleschote
- 4 Scheiben Blätterteig (aus dem Kühlregal)
- 25 Jujuben (rote Datteln, ersatzweise Sauerkirschen)
Puderzucker zum Bestäuben

Den Kürbis schälen, das Fruchtfleisch von Kernen und Fasern befreien und in kleine Würfel schneiden.
Die Milch mit 130 g Zucker verrühren und in einen großen Topf geben. Die Vanilleschote längs aufschlitzen und hinzufügen. Die Kürbiswürfel zugeben.
Das Ganze zum Kochen bringen und anschließend bei mittlerer Hitze köcheln lassen, bis das Kürbisfruchtfleisch sehr weich ist.

Die Vanilleschote entfernen und den Topfinhalt im Mixer fein pürieren.

Inzwischen die Blätterteigscheiben auf ein Backblech legen und nach Packungsanweisung 10 bis 15 Min. im Backofen bei 180°C backen.
Den gebackenen Blätterteig in schmale, etwa 4 cm breite Streifen schneiden und dick mit Puderzucker bestäuben.

Restlichen Zucker in einer Pfanne bei mittlerer Hitze karamellisieren lassen und die Jujuben (oder Sauerkirschen) gründlich darin wenden.

Die Kürbiscreme auf 4 Dessertschalen verteilen und jeweils mit karamellisierten Jujuben oder Sauerkirschen versehen. Auf jede Schale 1 bis 2 Blätterteigstreifen legen.

VENEZIANISCHES SCHMALZGEBÄCK

Zutaten:
- 130 g Sultaninen
- 8 cl Grappa
- 42 g frische Hefe (1 Würfel)
- 500 g Mehl Type 405
- 2 Eier
- 100 ml Milch
- 80 g feiner Zucker
- abgeriebene Schale von 1 unbehandelten Zitrone
- 1 Prise Zimtpulver
- 1 Prise Salz
- 1,5 l neutrales Öl zum Frittieren
- Puderzucker zum Bestäuben

Die Sultaninen in eine kleine Schale geben, mit dem Grappa übergießen und 1 Std. einweichen lassen.

Die Hefe in eine Tasse mit 50 ml warmem Wasser bröckeln und darin auflösen. Das Mehl in eine große Schüssel füllen. In die Mitte eine Mulde drücken. Eier, Milch, Zucker, Zitronenschale, Zimt und Salz in die Mulde geben. Die Zutaten mit beiden Händen oder den Knethaken eines Handrührgeräts gut vermengen. Dann das Hefewasser und die Sultaninen mitsamt Grappa gründlich untermischen. Die Schüssel mit einem Geschirrtuch bedecken und den Teig an einem warmen Ort etwa 1 Std. gehen lassen, bis er sein Volumen verdoppelt hat.

Das Öl in einem hohen Topf auf ca. 180 °C erhitzen. Vom Teig mit einem Teelöffel kleine Bällchen abstechen und diese portionsweise im heißen Öl goldgelb frittieren. Dabei mehrmals wenden. Mit einem Schaumlöffel herausnehmen und auf Küchenpapier abtropfen lassen.

Auf einem großen Servierteller anrichten und dick mit Puderzucker bestäuben. Sofort warm servieren.

GLOSSAR

Bigoli
Hier handelt es sich um eine typische venezianische Nudelsorte. Die Nudeln ähneln dicken Spaghetti, sind aber länger und haben eine raue Oberfläche. Somit können Bigoli Saucen und Gewürze besser aufnehmen. In der Regel werden Bigoli aus Weizen, Wasser und Salz hergestellt. Es gibt sie aber auch als Vollkorn- oder Eiernudeln.

Bisi
Bezeichnung für Erbsen im venezianischen Dialekt.
Daher rührt der Name Risibisi oder Risi e Bisi für Reis
mit Erbsen.

Giuggiola
Ist die Frucht des Jujube-Baums. Die Pflanzenart stammt ursprünglich aus China und ist in der Region Veneto weit verbreitet. Die Beeren werden auch chinesische Datteln oder rote Datteln genannt. Sie werden vor allem für die Jujube-Suppe verwendet. Hier handelt es sich nicht etwa um eine Suppe, sondern um einen Likör, der nach einem sehr alten Rezept hergestellt wird. Der Likör ist so süß, dass es im Italienischen dafür ein Sprichwort gibt: „in die Jujubensuppe fallen" – ein Ausdruck dafür, dass man sehr glücklich ist. Das Leben ist süß!

Saor
Bedeutet wörtlich „Geschmack" und steht in der venezianischen Küche für eine süß-saure Sauce für Fische. Essig wurde bei vielen alten Rezepten verwendet, um Fische schmackhafter und länger haltbar zu machen. Da Venedig über Jahrhunderte Seemacht war,

mussten die Speisen für die Besatzung der Schiffe konserviert werden. Bei dem Rezept in diesem Buch werden noch Zwiebeln aus den Gemüsegärten der Lagune hinzugefügt, da sie antibakteriell wirken sollen sowie Sultaninen, die in der venezianischen Küche aufgrund des regen Handels mit dem Orient häufig verwendet werden.

Sgroppino (Sorbet)
Hier handelt es sich um ein alkoholhaltiges Zitronensorbet. Ursprünglich wurde diese Speise in Adelskreisen zwischen dem Fisch- und dem Fleischgang gereicht, um den Gaumen zu neutralisieren.

Sofegae
Wörtlich bedeutet dieses Wort im venezianischen Dialekt „getränkt". In der Küche meint man damit in einem zugedeckten Topf langsam gegarte Speisen.

Spritz
Alkoholhaltiger Aperitif auf der Basis von Weißwein oder Prosecco mit Mineralwasser oder Soda. Man kann entweder Aperol, Campari, Select (bitterer Likör mit Orangengeschmack, nur im venezianischen Raum erhältlich) oder Cynar hinzufügen. Scheinbar entstand der Name des Getränks zur Zeit der Besetzung durch die Habsburger. Die österreichischen Soldaten hatten die Angewohnheit, ihren Wein mit Sprudelwasser zu verdünnen, um die Wirkung des Alkohols zu verringern. In Österreich nennt man einen mit Mineralwasser versetzten Weißwein heute noch „Spritzer".

WEICHTIERE

Jakobsmuschel *(Capesanta – Pecten jacobeus)*
Wird im Italienischen auch „die Muschel des heiligen Jakob"
genannt (conchiglia di San Giacomo).

Moscardino *(Eledone moschata)*
Kleiner Tintenfisch mit langgezogenem Körper.

**Purpurschnecken (Garusoli – Haustellum brandaris)
Aus dieser Schnecke gewann man in der Antike die Farbe
Purpur.**

KRUSTENTIERE

Heuschreckenkrebse *(Canocchia – Squilla mantis)*
Werden auch „Meeresmais" genannt. Die Krebse haben einen
weiß-grauen Panzer mit rosa Einfärbung und zwei charakteristische
ovale braun-violette Flecken auf dem Schwanz, die aussehen wie
zwei Augen.

Seespinne *(Granseola – Maja squinado)*
Sieht aus wie eine Krabbe, hat aber wesentlich längere Beine.
Der italienische Name ist aus zwei venezianischen Wörtern
zusammengesetzt: „Krabbe = granso" und „Zwiebel = seola".

REZEPTVERZEICHNIS

B

Bussolà buraneo 70

C

Crostini mit Stockfischcreme 18

D

Dicke Spaghetti mit Sardellen 39

G

Galani (Frittiertes Gebäck) 68
Gebratene Jakobsmuscheln 22
Gekochte Moschuskraken 30
Gekochte Purpurschnecken 56
Geschmorter Wirsing 53
Goldbrasse in der Salzkruste 60

K

Kammmuscheln in Weißwein 24
Kleine Fleischbällchen 16
Kürbiscreme mit Jujuben 80

L

Leber auf venezianische Art 52

M

Makrelen mit Queller und Tomatenconfit 62

O

Ofenkrabben 64

P

Pasta mit Bohnen 40

Rezeptverzeichnis

R
Reis mit Erbsen 34
Risotto mit Artischocken 42
Rohe Garnelen mit rosa Pfeffer 26

S
Schwarze Tagliatelle mit Heuschreckenkrebsen 36
Seespinnensalat 28
Spaghetti mit Miesmuscheln und Tomatensauce 46
Süß-saure Sardinen 50

T
Tagliolini mit Seespinne und Tomaten 44
Tintenfisch mit Polenta 54
Tiramisu 72

V
Venezianischer Aperol Spritz 14
Venezianisches Schmalzgebäck 82

Z
Zaleti 76
Zitronensorbet mit Prosecco und Wodka 78

Fotonachweis:
Alle Fotos in diesem Buch stammen von **Laurent Grandadam** mit Ausnahme von:

Stefano Brozzi S. 20
Matteo Carassale S. 25, S. 84-85
Colin Dutton S. 89
Olimpio Fantuz S. 2-3
Stefano Renier S. 69, S. 83
Sandro Santioli S. 75
Stefano Scatà S. 61
Giovanni Simeone S. 92-93

Die Fotos sind auf der Website **www.simephoto.com** verfügbar

Die komplette Originalausgabe erschien 2012 unter dem Titel
"Venezianische Küche - Echt italienisch!" bei Simebooks

Texte und Rezepte:
Cinzia Armanini
Redaktionsmanagement:
Alberta Magris
Übersetzung:
Sonja Schroll
Projektmanagement und Bildauswahl:
Giovanni Simeone
Seitenlayout:
Jenny Biffis
Qualitätskontrolle:
Fabio Mascanzoni

ISBN 978-88-95218-76-2

Sime srl
Tel. +39 0438 402581
www.sime-books.com

2014 © SIME BOOKS

Dieses Werk ist einschließlich aller seiner Teile urheberrechtlich geschützt. Jede Verwertung außerhalb der engen Grenzen des Urheberrechtsgesetzes, auch auszugsweise, ist ohne Zustimmung des Verlags SIME Books unzulässig und strafbar. Das gilt insbesondere für Vervielfältigungen, Übersetzungen, Mikroverfilmungen und die Einspeicherung und Verarbeitung in elektronischen Systemen.

Die komplette Originalausgabe erschien unter dem Titel

VENEZIANISCHE KÜCHE
ECHT ITALIENISCH!

Venezianische Küche
Echt italienisch!

Bearbeitet von: Cinzia Armanini - Alberta Magris
Fotos: Laurent Grandadam

Gebundene Ausgabe
Deutsch
288 Seiten - 26,00 €
19,5x23,5 cm
ISBN 978-88-95218-67-0

www.sime-books.com